4+2
6-3
3+3
9-7
6+2
6+3
7+1
0+2
2+2
3+1
9-3
4-2
9-2
5-4
4+4
8-3
5-3
3+1
4+1
9-7

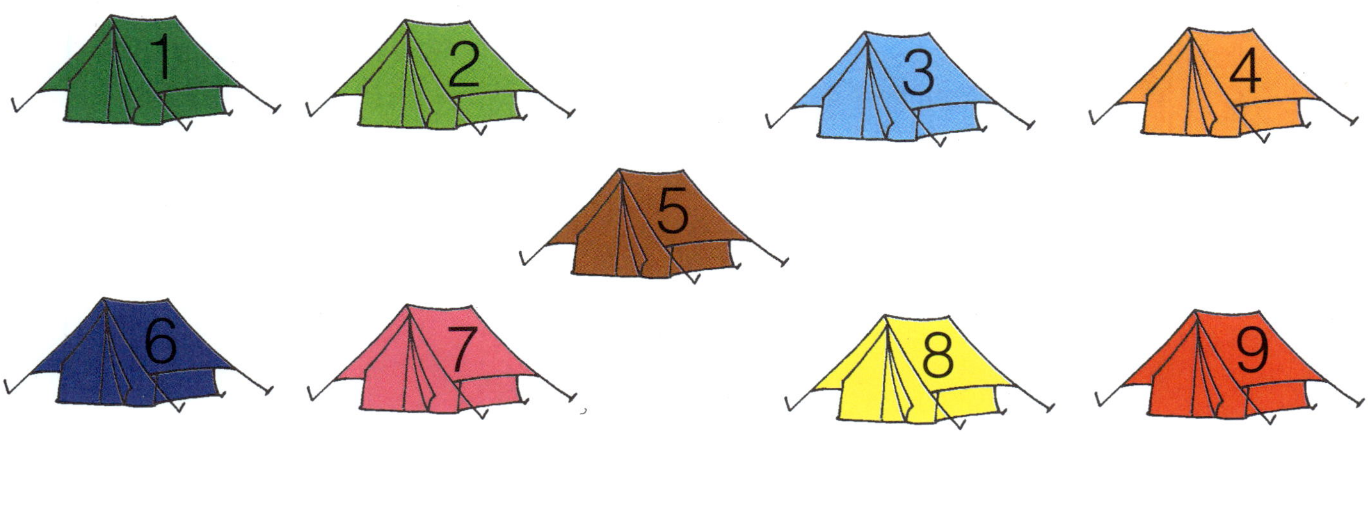
1
2
3
4
5
6
7
8
9

9-6
2+1
9-5
4-0
9-4
7-5
4+5
2+0
4+1
5+4
8+1
2-1
6+2
4+4
8-1
3+3
8-2
2+0
1+1

1
2
3
4
5
6
7
8
9

4+2
3-2
6+2
6-5
2+1
6-1
5-2
5-4
2+2
3+6
9-2
2-0
4+2
6-1

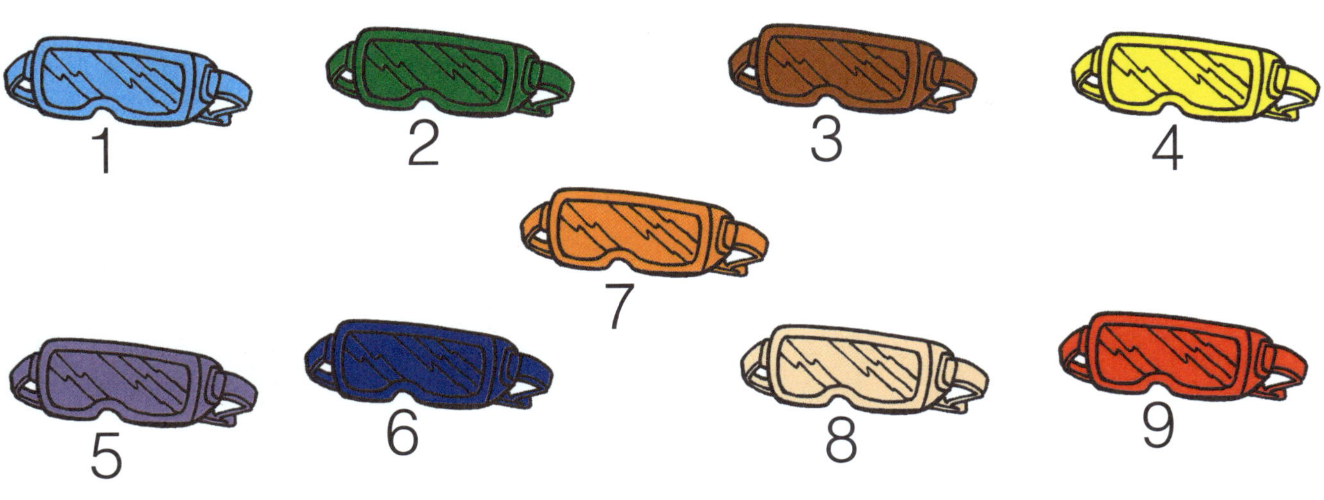
1
2
3
4
7
5
6
8
9

3+1
6+3
4+2
6-3
4+4
3+2
1+1
9-2
7-1
1+1
9-8
8-3
5+1
8-4
3-2
2+3
7-2
2+6
7-1
1+7
3+3
8-2
1+5
9-2

1
2
3
4
5
6
7
8
9

6-3
4-2
9-3
6-2
5+3
9-8
9-1
6+3
5-2
2+7
6-5
3+4
5+3
6-3
2+3
9-5
6+2
8-2
3+3
2+2
2+1
5-3
2+0

1
2
3
5
4
6
8
7
9

10-4
6+2
1+0
7-4
9-2
5+3
5-4
2-1
2+4
8-4
2+2
9-3
2+0
1+8
7-2
8-2
10-8

1
2
4
5
3
6
7
8
9

6+3
10-1
5+4
4-1
4-1
3+1
9-7
7-3
4+2
3+3
7-5
4+2
7+1
1+2
5-3
8-1
7-6
4+2
4-0
5-1
7+1
4+1
9-4
5-4
4-3
7-4
4-2
4-1

1
2
3
4
5
6
7
8
9

8-7
3-2
5-3
6-4
6-4
5+3
6+2
9-1
5+2
6+1
3+3
4+4
1+5
4+2
5-2
9-5
6-3
3+5
7-0
3+4
9-1
7+2
5+4
6+3
3+2
6-4
7-4
2+1
9-7

1
2
3
4
7
5
6
8
9

7-6
5-4
10-6
3+1
7+1
1+5
10-4
3-2
4-1
5+4
8+1
5+3
3-2
5-2
9-4
6+3
6-1
8-4
2+3
7-4
2+0
10-7
3+0
2+2
8-6
6+1
6-4

1
2
3
4
5
6
7
8
9

6+1
2-1
7+0
9-0
1+5
4-2
9-2
8-6
3+3
9-7
9-8
7+1
4-3
4+3
7-4
4+1
5+3
3-2
2+1
0+1
4-1
1-0

1
2
3
4
5
6
7
8
9

5-4
1+5
1+2
3+0
3+3
7-6
9-2
8+0
4+4
2+2
9-5
1+1
7-4
6+3
5+4
8-4
7-2
6-2
1+0
6-4
1
2
3
4
5
6
7
8
9

3+2
2+2
4-1
9-7
2+2
9-4
4-2
8+0
10-6
7-6
8+1
6-2
5-1
5+0
9-2
3+2
7-5
9-5
6-3

1
2
3
5
4
6
7
8
9

5+1
5-1
5-1
4-1
8-4
0+4
2+3
9-5
7-2
9-5
6-2
7-3
5-2
1+2
5+1
10-6
3+1
6-5
6-0
1+7
2-1
9-4
7+2
1+0
4-2
6-2
10-3
8-2
5+2
9-3
2+5
9-1
10-3
9-2
4+3
8-6
3+0
7+1

1
2
3
4
5
6
7
8
9

5+2
5-3
3-1
4+1
8-2
5-2
7-1
5+2
2-1
1-0
2+1
4-2
5+3
1
7-4
5+3
10-7
5-2
9-2
3+2
4+5
4+2
1-0
10-5
5-0
1
2
3
4
5
6
7
8
9

4+5
10-1
6-4
4+4
4+1
9-6
8-4
7-4
6+2
9-5
2+1
3+2
3+3
7+1
4+1
7+1
7-3
8-1
4+3
9-2
10-2
1+0
5-4
6-1
2+0
10-7
8-6
1
2
3
4
5
6
7
8
9

6+3
9-7
3+3
5+4
5-3
10-7
2+1
3+4
10-4
10-9
5-4
7-5
10-7
9-5
7+1
5+1
8-4
1+1
5+3
10-2
8-1
6-4
10-3
9-6
6-3

1
2
3
4
5
6
7
8
9

6-5
7-6
2+7
6+3
8-4
10-3
10-8
6+1
4+2
8-6
7-5
5+3
10-6
9-5
5+1
5-2
5+4
10-7
0+2
6-1
5-4
8-3
4+1
7-5

1
2
3
4
8
5
6
7
9

2+1
5-2
1+1
9-8
9-6
7+1
2-1
9-1
4+4
10-3
7-2
10-3
2+5
5-1
3+3
5-2
9-5
1+6
6+3
10-1
10-6
2+3
1
2
3
4
5
6
7
8
9

8-2
6-1
2+3
4-2
9-3
8+1
6-3
4-2
8-4
5+2
0+3
10-3
10-9
1+1
7-5
1+3
2+1
4-2
10-2
4+3
3+1
10-9
3+5

1
2
3
4
5
6
7
8
9

8-1
3+2
7-2
4-3
8+1
5+4
8+0
2+4
3+3
5+2
9-3
10-9
5-2
10-8
5+3
3+4
8-4
7+2
5+2
5+4
1
4
2
3
5
6
7
8
9

4+1
7-6
5+4
10-6
1+6
4-1
3+5
7-6
1+2
2+6
10-2
2+2
8-1
8-1
8-2
9-7
0+2
7-5
9-4

1
2
3
4
5
6
7
8
9

3+1
3+6
3+3
7-2
2+4
6-5
5-3
8-6
2+6
7-6
7+1
9-1
5-3
5+3
3+5
1+2
7+1
1+4
8-7
7-1
3-2
5+2
10-9
10-2
4+4
5-4
6+2

1
2
3
4
5
6
7
8
9

10-4
4-2
10-2
7+1
4+4
4-2
4-1
4+3
7-2
9-2
10-7
2+3
3+2
3+1
10-5
1-0
2+5
6-1
6-2
3+3
2-1
8+1
2+7

1
2
3
4
5
6
7
8
9

5-1
7+2
5-1
3+3
6-3
9-5
4-3
0+5
8-5
1+6
1+8
2+6
9-6
9-6

1
2
3
4
8
5
6
7
9